1911 Juin 15

VENTE

Des Jeudi 15 et Vendredi 16 Juin 1911

HOTEL DROUOT, SALLE N° 11

A DEUX HEURES

EXPOSITION PUBLIQUE

Le Mercredi 14 Juin 1911

DE 2 A 6 HEURES

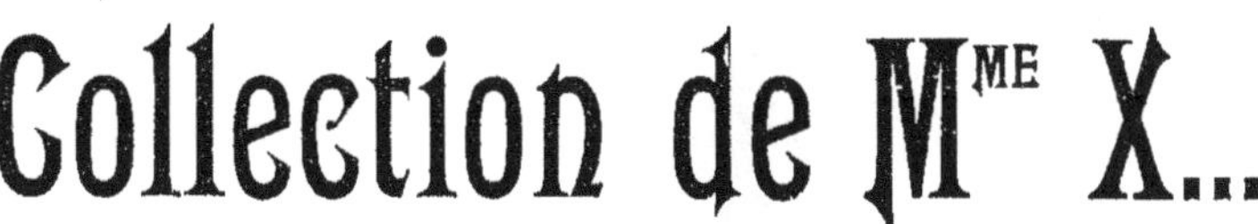

# Collection de Mme X...

COMMISSAIRE-PRISEUR

Me ÉDOUARD FOURNIER

29, rue de Maubeuge

EXPERTS

M. ANDRÉ PORTIER

24, rue Chauchat

MM. DUCHESNE & DUPLAN

10, rue Rossini

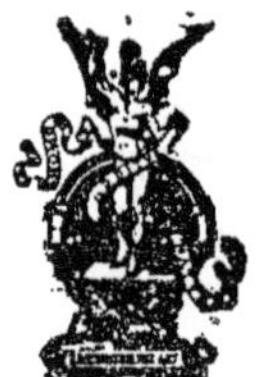

CATALOGUE

DE

# Faïences et Porcelaines

*DELFT, MOUSTIERS, NEVERS, ROUEN, ETC.*

STATUETTES ET GROUPES EN PORCELAINE D'ALLEMAGNE

BRONZES — PENDULES — CARTEL

**ARGENTERIE**

LIVRES

MEUBLES ANCIENS

## MEUBLES ET OBJETS D'ART

DE LA

CHINE ET DU JAPON

BRONZE — STATUETTES — NETZUKÉS

*BOIS SCULPTÉS — FAIENCES ET PORCELAINES — ÉTOFFES BRODÉES*

**KAKÉMONOS**

Par Seisen, Hogan, Yosen, Hogan, To-nin, Hokousai, etc.

DONT LA VENTE AURA LIEU

HOTEL DROUOT, SALLE N° 11

**LES JEUDI 15 ET VENDREDI 16 JUIN 1911**

*à deux heures*

---

COMMISSAIRE-PRISEUR

**Me EDOUARD FOURNIER**, 29, rue de Maubeuge

EXPERTS

**MM. DUCHESNE & DUPLAN** — 10, rue Rossini

**M. ANDRÉ PORTIER** — 24, rue Chauchat

*Chez lesquels se distribue le Catalogue*

EXPOSITION PUBLIQUE

**Le Mercredi 14 Juin 1911, de deux heures à six heures**

## CONDITIONS DE LA VENTE

Elle sera faite au comptant.

Les adjudicataires paieront *dix pour cent* en sus des enchères.

L'exposition mettant le public à même de se rendre compte de l'état et de la nature des objets, aucune réclamation ne sera admise une fois l'adjudication prononcée.

Paris. — Imp. de l'Art, Ch. Berger, 41, rue de la Victoire

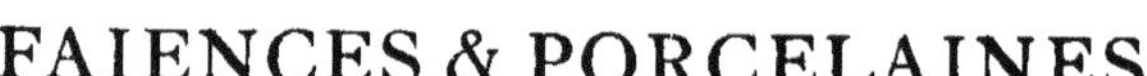

# DÉSIGNATION

## FAIENCES & PORCELAINES

1 — Plat en ancienne faïence italienne; décor à personnage dansant, décor fleuri et oiseaux.

2 — Bouteille à col évasé en ancienne faïence de Delft.

3 — Deux plats en ancienne faïence de Delft; décor bleu sur blanc.

4 — Quatre plats en ancienne faïence de Delft; décor bleu sur blanc.

5 — Quatre plats ronds, un plat octogonal, un plat à bords festonnés, en ancienne faïence de Delft, Rouen, Nevers.

6 — Bannette en faïence de Rouen.

7 — Huit plats longs à bords festonnés en ancienne faïence de Moustiers, de Nevers, de Rouen.

8 — Cinq plats, dont un creux, en même faïence.

9 — Quatre assiettes en ancienne faïence de Nevers.

10 — Huit plats de différentes tailles en ancienne faïence de Moustiers, Nevers, Marseille, etc.

11 — Dix assiettes en ancienne faïence de Moustiers, sujets à animaux et branchages ; décor ocre.

12 — Quatre assiettes en ancienne faïence de Moustiers, sujets à animaux et branchages ; décor vert.

13 — Pichet en faïence décorée : homme assis.

14 — Garniture, composée d'une pendule et de deux candélabres ; sujets à groupes et figurines en porcelaine de Saxe, sous des branchages fleuris, en tôle peinte et fleurettes de Saxe. Style Louis XV.

15 — Petit groupe en faïence décorée : le Baiser, de Houdon. Socle, fût de colonne.

16 — Groupe en porcelaine d'Allemagne à la dentelle : deux jeunes femmes et un jeune seigneur autour d'une table chargée de fruits.

17 — Groupe en biscuit : le Couronnement de la Jeunesse. Composition à six figures : Vénus, les Trois Grâces et l'Amour.

18 — Deux statuettes en porcelaine de Saxe : Flore et Pomone.

19 — Deux bonbonnières en porcelaine de Saxe; décor à personnages et rehauts d'or.

20 — Tasse et soucoupe en porcelaine de Saxe, de forme quadrilobée; décor à réserves.

21 — Groupe en porcelaine de Saxe : la Cueillette des pommes. Composition à cinq personnages.

22 — Deux petites coupes en porcelaine décorée, fond bleu à bouquets; monture en bronze doré.

23 — Deux petites statuettes : Homme et femme, en porcelaine décorée.

24 — Lampes en porcelaine de Paris, à médaillons; monture en bronze.

## ARGENTERIE ET BIJOUX

25 — Écuelle ancienne à couvercle, avec anses et boutons feuillagés.

26 — Sucrier en argent, forme de vase Médicis, ciselé et ajouré, présentant un décor d'amours chevauchant des tigres, pieds à griffes et galerie, anses à rinceaux. Époque Premier Empire.

27 — Huilier forme bateau en argent repercé, avec flacons en cristal à bouchons d'argent. Époque Premier Empire.

28 — Huilier, décor à guirlandes. XVIIIe siècle.

29 — Grande verseuse forme ovoïde, déversoir à tête d'aigle. Commencement du XIXe siècle.

30 — Plat creux à anses, à bords filetés.

31 — Soucoupe, bords à rais de cœur.

32 — Deux légumiers à couvercles, à anses et boutons feuillagés.

33 — Saucière et son plateau.

34 — Écuelle avec couvercle et plateau, décor ciselé. Style Louis XIV.

35 — Rond de serviette, décor ajouré.

36 — Douze cuillers en vermeil.

37 — Deux cachets et une clef-cachet en cornaline montée en or. Époque de la Restauration.

38 — Cachet à musique en or, parties émaillées. Époque de la Restauration.

39 — Boucle de ceinture, ornée de strass.

# BRONZES

## ET OBJETS DIVERS

40 — Pendule à colonnettes en marbre noir et bronze doré, avec ornements à palmes, guirlandes de fruits et frise. Cadran signé de Juilliard, à Bordeaux. Fin du XVIIIe siècle.

41 — Cartel en bronze. Style Louis XVI.

42 — Petite pendule religieuse en marqueterie de cuivre sur écaille.

43 — Deux glaces avec cadres en bois sculpté et doré.

44 — Deux flambeaux en bronze doré Louis XV.

45 — Deux plats en étain.

46 — Guéridon en bronze doré, le plateau est formé par un grand plat en ancienne porcelaine du Japon.

47 — Deux appliques à trois lumières à rinceaux en bronze doré. Style Louis XV.

48 — Deux lustres en cuivre poli.

49 — Écusson en bois sculpté et doré.

50 — Objets divers.

# LIVRES

51 — *Les Admirables Secrets d'Albert le Grand.* Lyon, chez les héritiers de Beringos Fraters, s. d.

52 — *Les Secrets merveilleux du Petit Albert.* Lyon, chez les héritiers de Beringos Fraters, 1868.

53 — **A. D'Aunay** et **Emile Faure**. *Histoire de Deux Ans* (1870-1871). 4 vol. in-8°. Chartier et Cie, 1873.

54 — *La Bible.* Trad. de la Vulgate, par Le Maistre de Sacy, fig. sur acier, texte sur deux colonnes encadrées. Paris, 1834-1835, demi-rel. chagrin. Lavallière, av. coins, 3 vol. in-8°.

55 — *Biblia Hebraïca.* In-8°, *Reliure ancienne.*

56 — **Paul Lacroix.** *Mœurs, Usages et Costumes au Moyen Age et à la Renaissance,* illustré de gravures et de chromos lithog. Firmin Didot, 1873.

57 — **La Fontaine.** *Contes et Nouvelles en vers.* Frontispice, portrait d'après Rigault, et gravures d'après Eisen. S. l., 1777, demi-rel. mar. grenat avec coins, tranches dorées. 2 vol. petit in-8°.

Copie de l'édit. des *Fermiers Généraux.*

58 — *Le Livre du Centenaire du « Journal des Débats »*. Gr. in-8° illustré d'eaux-fortes et fac-similés. A. Plon.

59 — **Longus**. *Daphnis et Chloé*, illust. par Raphael Collin. 1 vol., Boudet, 1890. 1 vol. in-8°, demi-rel. av. coins, mar. bleu, dos orné.

Exempl. sur vélin, numéroté (n° 596).

60 — *Mémoires de Monsieur Cléry*, valet de chambre de Louis XVI. Londres, Baylis, 1800. Petit in-18, demi-rel. avec coins.

61 — **Milton**. *Le Paradis perdu*. Trad. de Chateaubriand. Précédé de Réflexions de Lamartine. Portrait et 27 gravures sur acier. In-fol., Rigaud, 1868. Reliure mar. rouge semé de fleurs d'or (Passemar).

62 — *Orden de las Oracionès cotidianos*. 1 vol. in-12. Amsterdam, Selomoh Proops. Año 5477. *Reliure ancienne*.

63 — **Paul Strauss**. *Paris ignoré*. Librairies-imprimeries réunies, relié toile aux armes de la Ville de Paris. Gr. in-4°.

64 — **Auguste Vitu**. *Paris*.

— **Baron**. *Autour de Paris*. 2 vol. illustrés, gr. in-4°.

65 — **Thiers**. *Histoire du Consulat et de l'Empire*. 20 vol. in-8°. Paris, Paulin, 1856.

66 — **Thiers.** *Histoire de la Révolution Française.* Paris, 1839, av. grav. sur acier. 4 vol in-8°, demi-rel. de l'époque.

67 — **Abel Desjardins.** *La Vie et l'Œuvre de Jean de Bologne.* In-folio illustré de nombreuses héliographies. Quantin, 1883.

68 — **Jules Guiffrey.** *La Vie et l'Œuvre de Antoine Van Dyck.* In-folio illustré de nombreuses grav. Quantin, 1882.

69 — **Georges Lafenestre.** *La Vie et l'Œuvre de Titien.* In-folio illustré de reproductions et d'héliogravures. Cie générale d'impression et d'édition.

70 — **Paul Mantz.** *Hans Holbein,* illustré de gravures. Librairies-imprimeries réunies. In-folio.

71 — **Paul Mantz.** *François Boucher*, Lemoyne et Natoire. In-folio illustré d'eaux-fortes et d'héliogravures. Librairies-imprimeries réunies.

# MEUBLES

72 — Commode à quatre tiroirs en marqueterie de bois, ornements et filets en bronze. Dessus en marbre. Époque Louis XIV.

73 — Bureau dos d'âne à pieds cambrés, s'ouvrant à abattant et trois tiroirs, ornements en bronze doré.

74 — Petit meuble-chiffonnier à deux colonnettes et fond de glace ; acajou et bronze. Époque Empire.

75 — Pied-support à colonne torse en noyer.

# OBJETS DE LA CHINE
## ET DU JAPON

### KAKÉMONOS

76 — Kakémono sur soie représentant une nuée de passereaux sur un prunier en fleurs. Signé : *Seisen Hogan*. XVIIIe siècle.

77 — Kakémono sur soie, représentant un paon et un faisan sur un rocher au pied d'un arbre où piaille une perruche. Signé : *Yosen Hogan*. XVIIIe siècle.

78 — Kakémono sur soie, représentant une Kwannon assise sur un rocher au bord de l'eau. Traité en grisaille par To-RIN.

79 — Kakémono sur soie, représentant un geai perché sur une branche de pin au-dessus d'une touffe de rhododendrons. Signé : *Zaïko?* École de Tosa. XVIIIe siècle.

80 — Kakémono sur soie, représentant Hoteï accroupi contre son sac. Signé : *Hokousaï*, d'après MOTONOBE. Monture soie ancienne.

81 — Kakémono sur soie, représentant le dieu de la longévité accompagné d'un lettré et d'un enfant.

82 — Kakémono sur soie, représentant un oiseau traité à la gouache perché sur une branche fleurie de pivoines. Signé : *Kano Shunko*. Début du XVIIIe siècle.

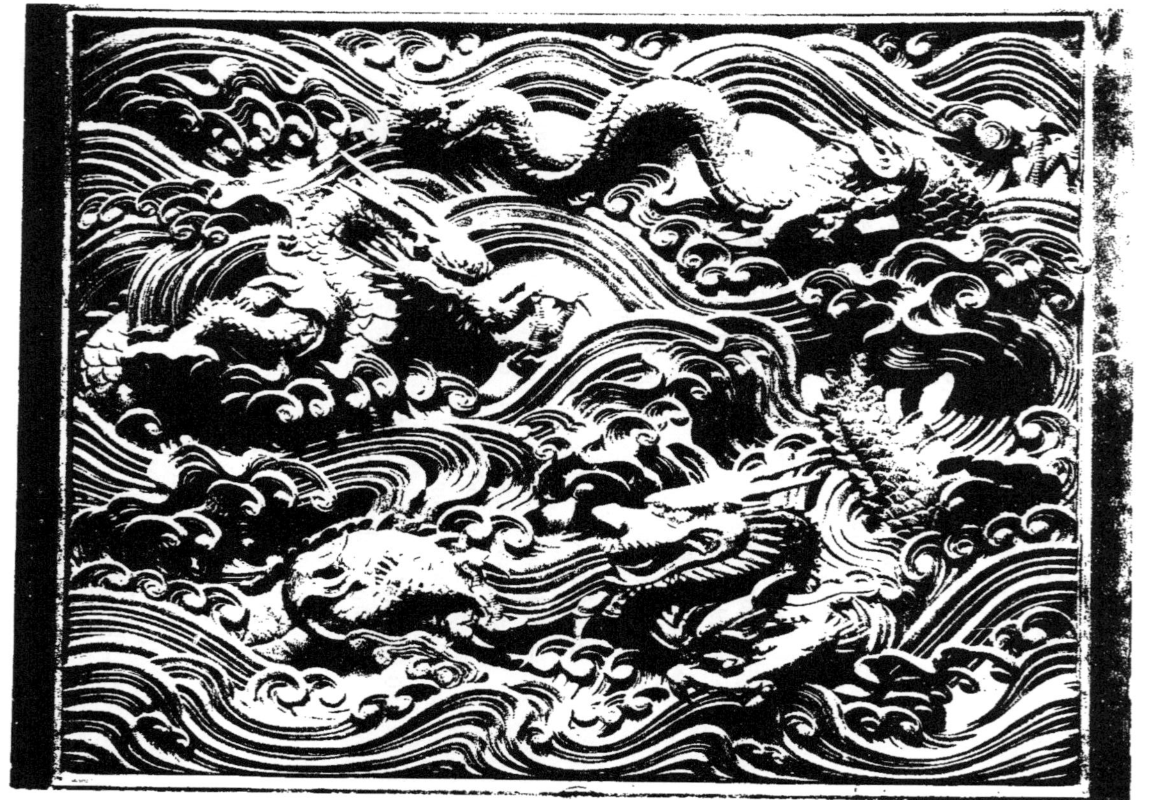

# FAIENCES & PORCELAINES

83 — Paire de potiches en porcelaine d'Imari; monture en bronze doré. Couvercle chimère.

Haut., 40 cent.

84 — Paire de girandoles en porcelaine de Satsouma, décor fleurs et oiseaux; monture en bronze doré ciselé, branches de pommier.

Haut., 90 cent.

85 — Bouteille à col allongé en porcelaine craquelée d'Ovari, décor bleu et médaillons d'oiseaux.

Haut., 41 cent.

86 — Deux lampes en ancienne porcelaine de la Chine, décor de personnages et de paysages montagneux. XVIIIe siècle.

87 — Paire de cornets en ancienne porcelaine d'Imari; monture en bronze doré.

Haut., 32 cent.

88 — Brûle-parfum en forme de chimère, en porcelaine bleue décorée de rinceaux rouges.

89 — Bouteille en porcelaine, formant cinq petits vases conjugués, décor dragon.

90 — Grande aiguière en porcelaine jaune, décorée en vert de fleurs et de papillons. Jolie pièce décorative. XVIIIe siècle,

91 — Une coupe en grès flammé, à reflets métalliques.

92 — Une coupe pentalobée en porcelaine d'Imari.

93 — Une autre coupe plate en porcelaine d'Imari; monture en bronze doré.

94 — Quatre grands plats en porcelaine d'Imari, décor bleu et rouge.

Diam., 35 cent.

95 — Un grand plat en porcelaine blanche, décor branches de pêchers.

Diam., 48 cent.

96 — Grand plat en porcelaine bleue et blanche, décoré d'un fin semis de fleurs de pêchers.

Diam., 47 cent.

97 — Grand plat, le marli dentelé, décor fleurs polychromes.

Diam., 38 cent.

98 — Un vase en porcelaine, décor manganèse.

99 — Un grand cache-pot en porcelaine, décor bleu et blanc de fleurs et d'oiseaux.

100 — Un grand cache-pot en porcelaine, famille verte, décor de scènes de combats devant un palais.

101 — Brûle-parfum en porcelaine, le couvercle ajouré, surmonté d'un shi-shi tenant la boule du monde ajourée.

102 — Petit pot couvert en porcelaine du Japon, décor de paysage maritimes.

103 — Deux statuettes en poterie, de personnages lourdement chargés.

104 — Deux groupes en poterie, décor polychrome.

105 — Divinité bouddhique lisant un makemono, assise sur le dos d'un éléphant blanc. Porcelaine japonaise craquelée.

106 — Une bouteille craquelée, décor bleu et blanc.

107 — Trois grandes statuettes Satsouma, décor or.

108 — Une autre statuette en porcelaine craquelée.

109 — Un groupe en porcelaine Satsouma, représentant une divinité, un sceptre à la main, accroupie sur un lion.

110 — Théière quadrangulaire en porcelaine de Satsouma.

111 — Un sucrier, trépied en porcelaine de Satsouma.

112 — Deux théières en porcelaine polychrome.

113 — Une bouteille, col allongé, en porcelaine de Satsouma.

114 — Une statuette en porcelaine de Satsouma.

115 — Dix assiettes plates ou creuses, décors variés.

116 — Une petite coupe lobée, décor polychrome de bouquets de fleurs.

117 — Jolie petite assiette, famille verte, le bord décoré d'une zone de fleurs et oiseaux de Hô.

118 — Coupe creuse, décor camaïeu bleu et blanc.

119 — Sept assiettes en porcelaine blanche, decor fleuri polychrome à rehauts d'or.

120 — Sept assiettes, bleu et blanc, décors variés de fleurs et de paysages.

121 — Quatre assiettes porcelaine d'Imari, décor polychrome.

122 — Un lot de petites pièces en porcelaines diverses.

123 — Vase, en forme de boule, en fine porcelaine de Satsouma, décoré sur fond jaune d'un moineau au milieu des herbes. Socle en bois sculpté.

124 — Petit brûle-parfums en porcelaine de Satsouma, décoré de scènes d'intérieur. Couvercle surmonté d'une chimère.

125 — Petit vase en forme de boule, porcelaine de Satsouma, décor de fleurs et d'oiseaux.

126 — Petit vase en porcelaine de Satsouma, décor de personnages.

127 — Un chien de Fô, accroupi, une patte posée sur la boule du monde ; poterie.

128 — Un oni soulevant une lourde cloche. Poterie du Japon.

129 — Statuette de divinité bouddhique, assise sur un cerf. Poterie.

130 — Statuette en poterie, représentant un oni, en jolie robe à glaçure bleue, portant un lourd battant de cloche.

131 — Objets divers en faïence ou poterie.

132 — Une paire de vases cloisonnés, le col allongé, décor de rinceaux fleuris, encadrant sur la panse le caractère du bonheur en forme de Môn.

133 — Petite garniture cloisonnée, comprenant un plateau et deux encriers, décorés sur fond bleu de rinceaux fleuris.

134 — Petite vasque cloisonnée sur cuivre, décorée sur fond rouge de branches fleuries polychromes.

135 — Petite théière en émaux polychromes sur cuivre, décor Kien-lung.

136 — Petite corbeille cloisonnée, anse bronze doré, décorée sur fond bleu, d'un hibou au milieu des branches.

## NETZUKÉS

137 — Garçonnet accroupi, jouant avec un masque à mine souriante.

138 — Personnage accroupi, se reposant au milieu d'attributs divers.

139 — Personnage agenouillé, aidant un pèlerin debout à ses côtés à remettre une sandale.

140 — Deux personnages sont accroupis, l'un appuyé sur un taïko, regardant un masque que lui tend son ami.

141 — Deux jeunes garçons luttent, l'un d'eux soulevant une écritoire, l'autre un gros poisson rond.

142 — Petit personnage, une hotte au dos jouant avec un jeune chien dont il tient la patte.

143 — Jeune fille accroupie, la coiffure décorée d'un oiseau, tenant d'une main un lotus, de l'autre un écran.

144 — Fillette accroupie, faisant jouer un jeune chat.

145 — Petit personnage accroupi, portant un lourd sac d'où sort une tête de blaireau.

146 — Personnage, une calebasse sur le dos, entraînant un oni, à demi dissimulé dans sa robe.

147 — Marchande adossée à son panier, jouant avec un enfant.

148 — Gamin faisant des niches à un personnage portant un fruit et un makémono déroulé.

149 — Personnage accroupi, une cisaille à la main, venant de procéder à la taille d'un arbre nain.

150 — Personnage frappant un jeune chien qui cherche à mordiller ses souliers.

151 — Personnage tenant une gourde, accompagné d'un enfant portant une tortue marine.

152 — Personnage, un lourd maillet à la main, brisant une pierre.

153 — La vieille laveuse.

154 — Personnage, un long sabre à la main, la mine terrible, accroupi sur un renard.

155 — Serviteur, une lanterne à la main, de l'autre portant un plateau garni, sollicité par un renard affamé.

156 — Netzuké érotique : Personnage poursuivi par un ours.

157 — Personnage accroupi, tenant une longue perche à laquelle se balance un gigantesque poisson.

---

## BOUDDHAS, STATUETTES,

### IVOIRES, BRONZES, ETC.

158 — Bouddha en marbre blanc, assis dans le geste de la méditation, une des mains appuyée sur la paume des pieds repliés. Cambodge. Socle en bois sculpté et doré, fleurs de lotus.

Haut., 70 cent.

159 — Grande statuette sculptée d'une seule masse dans une racine, représentant un personnage une fleur de lotus entre les mains. Jolie patine brune.

Haut., 45 cent.

160 — Statuette en bambou sculpté, à jolie patine brune, représentant le dieu de la longévité, la pêche de longue vie à la main.

Haut., 30 cent.

161 — Petit tube-porte-fleurs en bois finement sculpté et ajouré.

162 — Statuette en bois clair d'une divinité, un panier rempli de lotus à la main.

163 — Masque de vieillard, la figure ridée, entourée de longs cheveux blancs.

164 — Masque d'un personnage aux pommettes saillantes et au long nez pointu.

165 — Deux masques à patine rougeâtre à mine souriante, la bouche entr'ouverte et édentée. Cheveux et barbiche grise.

166 — Un lot de huit petits masques, à patine brune, représentant des personnages louchant et grimaçant.

167 — Masque joliment sculpté d'un grotesque à la mine souriante.

168 — Masque grimaçant, la bouche s'ouvrant largement, une corne au milieu du front.

169 — Autre masque grimaçant, le crâne orné de cheveux rougeâtres.

170 — Masque de nègre, le nez aplati, les narines remontées, la langue saillante entre deux crocs acérés.

171 — Masque en poterie, portant une longue inscription, le visage souriant.

172 — Masque en bois d'un personnage aux sourcils épais et aux pommettes saillantes.

173 — Masque d'un personnage au nez retroussé, louchant vers une tête chimérique apparaissant dans sa chevelure.

174 — Deux petits masques en métal argenté.

175 — Deux petits poignards à gaine de cuir, fushi et kashira en bronze doré, poignée en fils de cuivre polychromes.

176 — Un lot de bibelots divers. (Sera divisé.)

177 — Sabre à garniture métallique, décoré de fines applications en bronze et cuivre, représentant des motifs de fleurs et d'oiseaux. La poignée porte un môn avec trois feuilles de mauve.

178 — Sabre à garniture de bois sculpté avec applications d'ivoire et de burgau.

179 — Sabre à gaine de cuir, avec garniture de fushi et kashira en métal argenté. Poignée en galuchat recouverte partiellement de métal. Memckis et kotzuka métal argenté, décorés de fleurs et d'oiseaux.

180 — Sabre court à garniture d'ivoire, finement sculpté d'une scène d'archers.

181 — Petit poignard, bois laqué, décoré de fleurs et de papillons en laque d'or, fushi, kashira et tsuda en ivoire ciselé.

182 — Jonque en ivoire, transportant plusieurs marchands avec leurs ballots de riz, amusés par un grotesque accompagné d'un jeune singe.

183 — Groupe en ivoire, représentant un cultivateur accompagné de deux enfants dont l'un, juché sur son épaule, joue avec des fruits portés dans une petite hotte.

Haut., 25 cent.

184 — Petit groupe en ivoire sculpté, représentant une scène burlesque autour d'un puits, sur le faîte duquel danse un singe vêtu en danseur de Nô. Incrustations de nacre.

185 — Statuette en ivoire sculpté, d'une divinité tenant d'une main une longue tige de lotus. Ivoire plein. Époque Ming.

Haut., 29 cent.

186 — Statuette en ivoire, représentant le dieu de la longévité, une main levée, l'autre portant la pêche de longévité. Jolie pièce. Époque Ming.

Haut., 32 cent.

187 — Statuette en ivoire sculpté, représentant un dieu du bonheur, un bras dissimulé sous son vêtement, l'autre élevant un écran. Époque Ming.

Haut., 26 cent.

187 *bis* — Petite statuette en ivoire sculpté, représant une femme occupée au lavage d'une longue pièce de linge.

188 — Petit brûle-parfums sur haut trépied en bronze patine brune, la panse gravée de médaillons de fleurs et d'oiseaux, le couvercle ajouré, surmonté d'une chimère accroupie. Socle en bois.

189 — Autre brûle-parfums-trépied sur colonnade, à jolie patine brune, décorée d'une zone d'oiseaux. Couvercle ajouré surmonté d'une chimère. Socle en bois.

190 — Deux chiens de Fô en bronze doré, la patte posée sur la boule du monde ajourée.

Haut., 45 cent.

191 — Grande jardinière en bronze, à jolie patine brune, décorée en relief sur la vasque d'un vol de passereaux au-dessus des flots. Au col, zone d'animaux chimériques sur fond gravé.

192 — Pendule en bronze, en forme de petit tambour porté par deux chimères, les aiguilles formées d'un long serpent.

193 — Deux petites boites en bronze doré, le couvercle surmonté d'un personnage homme et femme légèrement vêtus. Érotiques.

194 — Petit groupe en métal argenté, représentant un garçonnet à la robe décorée de môns divers, soulevant un gros chien.

195 — Boucle de ceinture en métal doré, gravée sur une face, l'autre ciselée en haut relief d'attributs divers.

196 — Petit éléphant en argent, formant tire-lire. Style hindou.

197 — Deux porte manteaux en bronze doré, formés de serpents enroulés.

198 — Grande lanterne en bronze ajouré, décor de personnages.

# ÉTOFFES BRODÉES

199 — Une paire de rideaux, soie rose éteint, brodée de nombreux oiseaux et de fleurs polychromes.

200 — Une autre paire, même tonalité et même décor.

201 — Une autre paire, même broderie, sur fond champagne foncé.

202 — Une paire de rideaux, même broderie, sur fond Nil.

203 — Une paire de rideaux, même broderie, sur fond or éteint.

204 — Un lot de dix coussins soie brodée.

205 — Un grand bandeau fond ciel richement brodé et frangé.

206 — Un autre fond cerise, bordure frangée.

207 — Un autre fond cerise, bande brodée.

208 — Un autre fond cerise, bordure frangée.

209 — Un autre fond cerise, bordure frangée.

210 — Un autre fond rose, bordure frangée.

211 — Un autre fond ciel, bordure frangée.

212 — Deux devants de foyer brodés.

213 — Un dessus de cheminée soie brochée et brodé.

214 — Deux jupes brodées fond cerise et fond Nil.

215 — Deux bandeaux en hauteur, broderie or sur fond cerise.

216 — Deux panneaux fond rose, broderies polychromes, décor personnage.

217 — Un autre panneau fond ciel.

218 — Quatre panneaux brodés sur cretonne, fond cerise.

219 — Deux pièces broderies.

220 — Robe de mandarin, broderie polychrome sur fond grenat.

221 — Cinq pièces ameublement, soie champagne brodée polychrome.

222 — Longue bande de soie prune, la partie inférieure brodée d'un vol de cigognes au milieu des nuages.

223 — Cinq dessous de potiche, soie brodée.

224 — Quatre panneaux brodés, fonds divers.

225 — Deux bannières fond cerise, brodées de deux médaillons de dragon en fils d'or.

226 — Petit tapis de table fond cerise, brodé d'un médaillon fleuri en bleu camaïeu.

227 — Petit paravent trois feuilles, soie brodée fond cerise.

228 — Dessus de cheminée fond bleu, brodé de médaillons polychromes rehaussés d'or.

229 — Un pouf formé de deux coussins superposés.

# BOIS SCULPTÉS

## MEUBLES

230 — Un grand panneau en bois doré, sculpté en haut relief et à jour représentant deux dragons, affrontés dans les nuages. Pièce à jolie patine or. XVII$^{e}$ siécle.

Dimension : Haut., 95 cent.; larg., 1 m. 25 cent.

231 — Grand panneau en bois sculpté et ajouré, décoré à l'angle d'un dragon en haut relief.

232 — Grande glace encadrée en forme de toit de pagode en bois sculpté et ajouré.

233 — Divan demi-circulaire en soie fond cerise brodé bleu camaïeu, et sept coussins brodés assortis.

234 — Meuble de salon, comprenant : un canapé, deux fauteuils, deux chaises, le dossier surmonté d'une chimère, décoré d'un coussin de soie brodé dans un encadrement de grecque, l'extrémité des bras est terminée par deux têtes chimériques.

235 — Grand cabinet en bois de fer finement sculpté et ajouré, décoré d'un motif de calebasses, comprenant douze cases, un tiroir et une partie formant coffret.

Dimension : Haut., 95 cent.; larg., 1 m. 75 cent

236 — Meuble-étagère en bois de fer et panneaux incrustés de nacre. Travail tonkinois.

237 — Petite table en bois de fer, décor en laque d'or rehaussé d'incrustations de nacre et d'ivoire, représentant un personnage un tamis à la main. Signé : *Mitsu-Ito.*

238 — Support-tabouret en bois de fer, à fine galerie ajourée. Dessus en marbre rose.

Haut., 80 cent.

239 — Support-tabouret en bois de fer sculpté et ajouré, avec dessus en marbre brèche rouge.

Haut., 45 cent.

240 — Petit tabouret-support en bois de fer sculpté. Dessus en marbre rosé.

241 — Deux aquarelles se faisant pendant : Vues du salon de Madame X..., où se trouvent groupés les objets ci-dessus décrits.

242 — Objets omis au présent catalogue.

www.ingramcontent.com/pod-product-compliance
Ingram Content Group UK Ltd.
Pitfield, Milton Keynes, MK11 3LW, UK
UKHW020510180726
13839UKWH00005B/2005

9 782329 502007